AF582166

PICHOT,

né à Chambray-sur-Eure, le 11 7bre 1798.

Coupe du Puits éboulé dans lequel était englouti le Sr Alexandre AUBÉ

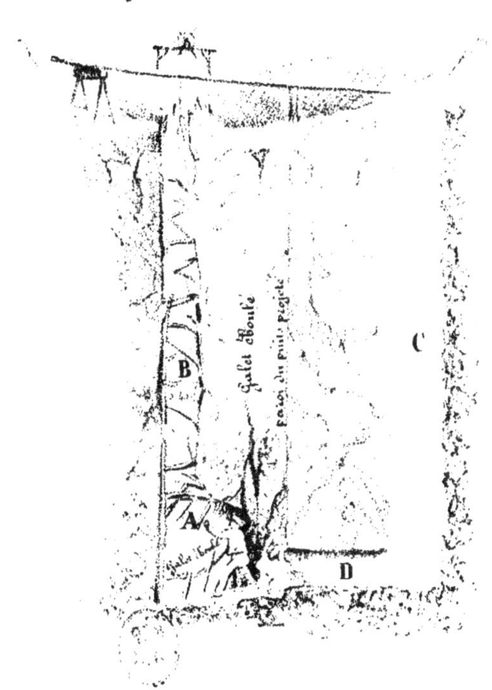

A Fosse dans laquelle est resté englouti le Sr Alexandre Aubé au milieu des débris d'étais de coffrages & des cercles qui maintenaient l'[illegible].

B Passage par lequel on communiquait des aliments au Sr Aubé ; ce passage a été élargi & consolidé au moyen d'étais posés par le Sr Pichon.

C Puits latéral creusé par ordre de M. Robillard, Ingénieur en chef, de concert avec M. de St Claire Ingénieur à Louviers.

D Galerie par laquelle on est arrivé au malheureux Aubé.

ÉBOULEMENT DU PUITS DE SAINT-HILAIRE.

SAUVETAGE DE CANTELOUP ET D'AUBÉ.

DÉVOUEMENT DE PICHOU.

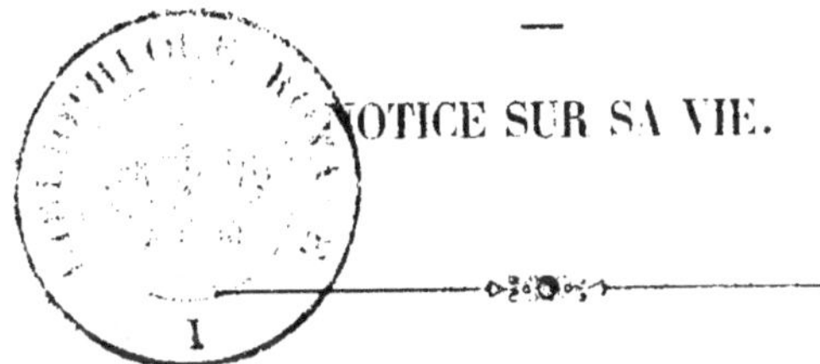

NOTICE SUR SA VIE.

Le 21 janvier dernier, à huit heures du matin, deux ouvriers étaient occupés à creuser un puits pour le service du bureau d'octroi de Saint-Hilaire, sur la route d'Evreux. Déjà arrivés à une profondeur de 15 à 16 mètres dans un sol composé seulement de sable et de galet, ils allaient bientôt commencer les travaux de maçonnerie, lorsque tout-à-coup un craquement affreux se fait entendre, les étais fléchissent, les terres s'éboulent, les parois se rapprochent, deux hommes sont engloutis!

Canteloup. l'un d'eux, s'étant précipitamment jeté à la corde, était parvenu à s'élever de quelques pieds.

L'autre, Aubé, embarrassé dans les débris de la charpente se trouvait arrêté, au-dessous de son camarade, dans une position affreuse.

Menacés de tous côtés par la masse de terre, soutenue (momentanément peut-être) d'une manière providentielle sur leur tête, ils paraissaient voués à une mort certaine.

En effet, pour arriver à eux, il fallait passer au travers d'un amas de planches, de cercles, d'étais disposés de telle façon, que l'on devait nécessairement recourir à la scie pour se frayer un passage.

Mais comment toucher à cette charpente que le hasard a ainsi arrangée? Comment essayer d'ouvrir une voie de communication, au milieu de ce cahos, sans nuire à la solidité de l'échafaudage naturel? Une erreur, un faux mouvement, et de nouvelles victimes vont se trouver ajoutées aux deux premières!

A ce moment d'angoisses et d'incertitude, un homme dont le courage, le sang-froid et l'humanité avaient déjà été appréciés en plus d'une circonstance; un homme que l'on voit toujours accourir là où il y a quelque danger à affronter, quelque secours à porter, un homme, disons-nous, se présente: c'est Pichou! Pichou, l'ouvrier simple et honnête; aussi modeste que brave; Pichou, père de cinq garçons; bien utile cependant à sa famille.

Aucune considération n'arrête l'élan de son bon cœur. Deux malheureux sont en danger, il veut les secourir.

Il s'approche donc de l'abîme, saisit une corde et se l'attache à la ceinture.

Deux hommes placés à la manivelle d'un treuil, la font mouvoir sur l'ordre de Pichou; à un signal donné, ils l'enlèvent puis le laissent descendre. il rampe, se tord, et, à travers mille difficultés, il arrive enfin au-dessus de la tête des deux victimes; mais un obstacle l'arrête, un étai l'empêche d'avancer, il faut de toute nécessité le couper, et la suppression de cette pièce peut déterminer un nouvel éboulement.

Pichou demande un charpentier pour avoir son avis. M. Marquais, maître charpentier, est sur les lieux. Après avoir examiné la position, il décide que la pièce de bois qui fait obstacle peut être supprimée sans danger. Il la scie donc, la détache et la remonte avec lui à l'orifice du puits.

Pichou débarrassé de cette entrave pénètre plus avant, et, après maintes difficultés il parvient enfin à sauver Canteloup.

Restait Aubé, et pour Pichou sa tâche n'était pas encore remplie; il se fait donc descendre de nouveau, mais l'état des lieux ne lui permettait de s'approcher d'Aubé qu'à la distance de quatre à cinq pieds environ.

Après des efforts infructueux, reconnaissant qu'Aubé est enfoui dans le galet presque tout entier, que son corps est engagé dans des débris de planches qui soutiennent les terres; que pour frayer un passage à Aubé il va falloir couper ces planches dont la conservation est indispensable, il se borne à débarrasser son visage de la terre qui le recouvre. afin qu'il puisse au moins respirer.

C'est dans cette position que Pichou, secondé merveilleusement par son fils aîné, a porté chaque jour, à plusieurs reprises, soit le jour, soit la nuit, la nourriture que l'on pouvait raisonnablement accorder à Aubé.

Pendant huit jours ils sont allés le consoler, l'encourager dans son affreuse captivité. Dévouement sublime, excité seulement par l'envie de bien faire!

En présence d'obstacles que le courage et la résolution de Pichou ne pouvaient surmonter, on dut le soir même de l'évènement renoncer au moyen de sauvetage qui avait si bien réussi pour Canteloup.

Un projet de tranchée à ciel ouvert fut d'abord arrêté. Malgré la difficulté que présentait ce travail dans son exécution, grâce au généreux concours de la population, il avançait rapidement.

Dans la nuit du mercredi au jeudi, M. Robillard, ingénieur en chef des ponts-et-chaussées vint sur les lieux; par ses ordres, et sous sa direction, un puits latéral est creusé à quatre mètres environ, du puits éboulé; il veut, au moyen d'une galerie souterraine, ravir Aubé à la mort qui l'attend.

Des ouvriers qu'il avait amenés avec lui se mettent aussitôt à l'œuvre. Ils travaillent sans relâche jusqu'au dimanche matin; mais, au moment d'entrer en galerie, effrayés du peu de solidité que présentait leur puits creusé à la hâte, et disons-le, plutôt exténués par un travail consécutif, pendant trois jours et quatre nuits, ils remontent en déclarant qu'ils ne peuvent plus continuer. Une sorte de fatalité paraissait s'attacher à la délivrance du malheureux Aubé.

On songeait alors à reprendre les travaux de la tranchée abandonnée. Mais M. Robillard ne voyait de salut pour Aubé que dans le percement d'un chemin couvert.

On envoie alors chercher des ouvriers anglais occupés à la réparation du tunnel du Roule, sur le chemin de Paris à Rouen.

Ils arrivent au nombre de sept et commencent d'abord par consolider le puits de sauvetage, vers l'orifice duquel se tournent maintenant tous les regards, toutes les espérances; puis rassurés sur cette voie de sortie, ils attaquent alors la galerie souterraine.

C'est seulement mardi, 28 janvier, à quatre heures du

soir, et après un travail opiniâtre durant deux jours et deux nuits, que le malheureux Aubé a été enfin arraché de son tombeau.

Transporté à l'hospice, il y reçut les soins que son état exigeait; mais la gangrène s'étant déclarée, Aubé succomba peu de jours après.

Maintenant que nous avons retracé aussi fidèlement que possible les principales scènes du drame auquel nous avons assisté, nous croyons devoir compléter ce récit en consignant ici les éloges que mérite à si juste titre M. l'Ingénieur en chef. Il a fait exécuter, sous ses yeux, avec une énergique persévérance le projet qu'il avait arrêté ; et l'évènement a prouvé que sa haute expérience l'avait bien conseillé.

Disons aussi que, dans cette triste circonstance, l'administration municipale a fait son devoir ; aucun moyen n'a été négligé pour arriver au résultat si ardemment désiré. L'autorité n'a reculé devant aucun sacrifice.

La population toute entière en gardera bon souvenir !

ALPH. MARQUET.

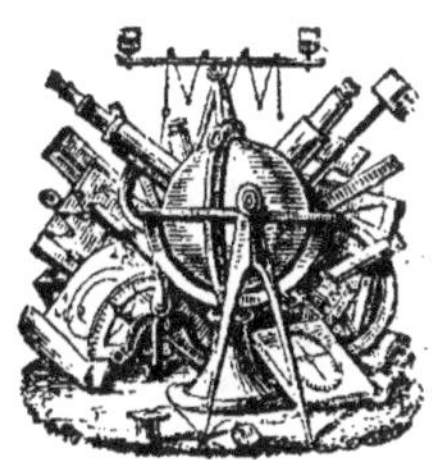

Extrait du registre des Délibérations du Conseil d'Administration de la Compagnie d'Assurance Mutuelle, pour les départemens de la Seine-Inférieure et de l'Eure.

Le Conseil d'administration de la compagnie d'Assurance mutuelle contre l'incendie, pour les départemens de la Seine-Inférieure et de l'Eure ;

Sur le rapport du Directeur de la Compagnie,

Duquel il résulte que lors de l'incendie, qui a eu lieu dans la nuit du 29 au 30 mars 1820, chez M. Mary-Dubois, filateur en la ville de Louviers, le sieur PICHOU (Jean-Marin), a beaucoup contribué à en arrêter les progrès par un dévouement et un courage constamment soutenus, dans un lieu où sa vie pouvait être en péril, en empêchant la communication des flammes, dans les bâtimens soumis à la garantie de l'assurance mutuelle.

ARRÊTE CE QUI SUIT :

ART. 1er. — le conseil d'administration offre à M. Pichou (Jean-Marin) de Louviers, une médaille d'argent frappée au coin de la compagnie, avec ces mots gravés sur la tranche : *Hommage au dévouement du sieur PICHOU*, 1820.

ART. 2. — La médaille sera adressée, avec expédition du présent, à M. le Maire de la ville de Louviers, qui sera prié de vouloir bien la remettre audit sieur Pichou, au nom de la compagnie.

Fait et délibéré à Rouen, le 18 octobre 1820 etc.

RAPPORT

FAIT AU CONSEIL MUNICIPAL DE LA VILLE DE LOUVIERS, DANS SA SÉANCE DU MERCREDI 19 FÉVRIER 1845,

PAR M. HÉBERT-DESROCQUETTES,

Président de la commission

AYANT POUR MEMBRES MM. LÉOPOLD MARCEL ET MARQUET,

Au sujet de l'affaire Pichou.

Messieurs,

Dans votre précédente séance, exprimant les vœux unanimes de la population de Louviers, vous avez, décerné avec empressement, des éloges au brave compatriote qui, dans le mémorable sauvetage de Canteloup et d'Aubé, a fait preuve d'un admirable dévouement. Outre ces témoignages honorables d'estime et de sympathies, de toute une ville, vous avez voté une récompense en faveur de l'ouvrier pauvre, de l'honnête père de famille objet de la sollicitude générale, sur le taux et l'emploi de laquelle, nous vous devons un rapport, que voici :

Louis-Marin Pichou avait déjà plusieurs titres recommandables à la reconnaissance publique, avant le récent et dernier sinistre où il s'est distingué par une action d'éclat remarquable.

Né dans la commune de Chambray-sur-Eure, le 10 septembre 1798; une résidence de vingt-six ans, à Louviers, et de signalés services dans de grandes occasions, lui avaient acquis parmi nous, depuis longtemps, le droit de cité. On l'y avait vu souvent, en effet, déployer dans plusieurs incendies un courage intelligent et un rare sang-froid.

Faut-il entr'autres, citer l'incendie, qui éclata dans la nuit du 29 au 30 mars 1820, dans l'établissement de filature de M. Mary Dubois? Accouru des premiers, Pichou, avec sa présence d'esprit ordinaire, en arrêta seul les ravages, en éteignant le feu par lequel avait été entièrement embrasé le plancher d'un appartement. Le conseil d'administration de la compagnie d'assurance mutuelle pour les départements de la Seine-Inférieure et de l'Eure, lui déféra à ce sujet une médaille, par délibération du 18 octobre 1820.

Ce trait de dévouement lui valut aussi, l'incorporation dans la compagnie si utile des Sapeurs-Pompiers, dont il fait toujours partie, à la sollicitation pressante de son capitaine M. Petzer.

Parlerons-nous, de l'incendie plus fameux encore, et surtout plus funeste, qui dévora en quelques heures, dans la nuit du 7 avril 1824, la vaste filature de coton de la Villette, où périt, au milieu des flammes, une infortunée jeune fille, que Pichou à deux reprises tenta de leur arracher, et qu'il leur eût ravie, si des efforts humains eûssent pu la sauver?

Nous mentionnerons au moins, l'incendie, qui consuma la fabrique de M. Clerc, dans la nuit du 25 août 1826, parce que Pichou y courut plus de dangers, et que sa première femme en périt de frayeur. Placé au sommet de l'édifice où il donne des secours, tout à coup le plancher qui le porte s'écroule, le laissant suspendu à un pan de mur, sur un abîme de feu. On l'y croit enseveli; le bruit de sa mort court aussitôt dans la foule, et vient frapper d'effroi sa malheureuse compagne, qui mourut quelques mois après, des suites de cette impression terrible, en accouchant d'un enfant mort-né. Par un bonheur providentiel, Pichou avec l'aide de ses camarades, avait été arraché à temps à une fin imminente et tragique.

L'incendie, si menaçant pour la fabrique connue sous le nom du *duc de Bordeaux*, le 5 février 1841, ne fut conjuré, que par l'intrépide énergie de Pichou, qui se glissant en rampant, sous des tourbillons de fumée, dans un atelier où le feu avait déjà consumé une machine, parvint à l'éteindre.

Mais son triomphe, est le sauvetage de Canteloup, et l'assistance qu'il a périlleusement donnée à Aubé, pendant une horrible captivité de huit jours.

Comment peindre l'héroïsme de cet homme de cœur, simple et modeste, affrontant résolument la mort, en se frayant un passage à travers les débris d'un puits aux trois quarts éboulé, pour secourir, à quarante pieds de profondeur, les deux victimes désespérées qui s'y trouvaient englouties!

En quels termes assez expressifs, célébrer l'abnégation pour lui-même et les siens, de ce père déterminé, associant l'un de ses enfans à une si redoutable entreprise! Ce bel acte d'une vie si pleine, égale les traits les plus glorieux dont s'honore l'humanité.

N'en doutons pas, Messieurs, arrivant, à Dieu ne plaise, de semblables, ou d'autres déplorables catastrophes, Pichou reparaîtrait supérieur à lui-même s'il est possible; les cinq fils qu'il élève dans ses nobles sentiments, marcheraient sur ses traces; et leurs efforts appréciés et rémunérés par vous aujourd'hui, susciteraient de dignes imitateurs.

Il est donc juste et sage, de reconnaître et de récompenser le vrai mérite, si profitable à la société.

Puisse, le salutaire exemple que vous donnez, attirer sur Pichou et sa famille, d'autres faveurs, et lui valoir les bienfaits de la munificence royale.

Ouvrier maçon laborieux, rangé, économe, il recueillera ainsi les fruits de sa bonne conduite, de son zèle; et le peuple comprendra de nouveau, que cet heureux accord de la vertu et du courage, mène seul aux grandes choses.

Un honorable propriétaire de Louviers, M. Odoard du Hazé, veut être aussi de part dans la gratification destinée à Pichou. Voici le langage qu'il nous a officiellement tenu :

» Que la ville lui verse l'argent qu'elle se propose » de lui donner; je lui ferai cadeau d'un terrain de » quatre ares (environ huit perches) près le fameux » puits, pour bâtir une petite maison où l'on » inscrira le nom PICHOU, je lui fournirai gratui- » tement encore quelques matériaux de construction; » qu'on s'en rapporte à moi, on n'aura pas lieu de » s'en repentir, et il sera content. »

En conséquence, votre commission vous propose les résolutions suivantes :

1° Qu'une somme de 1,000 francs soit allouée, comme récompense à Pichou père.

2° Que vous exprimiez le vœu, que cette somme serve et contribue à lui construire une petite maison ayant pour inscription son nom, sur le terrain que M. Adolphe Odoard du Hazé se propose de lui donner, près le puits *Aubé*.

3° Qu'expédition du présent rapport et de la délibération à intervenir soit adressée à Pichou pour lui valoir de titre.

—

Le conseil municipal a adopté ces conclusions.

STANCES.

Comme un immense écho, dans la cité paisible
Ont retenti des cris de terreur indicible;
Un puits s'est écroulé! Dans ses sombres replis;
Sous ses étais brisés, sous sa voute mouvante,
La mort dresse déjà sa tête menaçante ;
Deux hommes sont ensevelis!

Mornes, saisis d'effroi, la pâleur au visage,
Tous ont les yeux fixés sur cet étroit passage
Qui peut conduire encore auprès des malheureux;
De leur sauver la vie il reste une espérance,
Mais où trouver celui qui voudra bien d'avance
Braver un trépas glorieux?

C'est un gouffre effrayant, une route inconnue
Où sont mille dangers dérobés à la vue.
Chacun épouvanté s'arrête sur le bord ;
Nul n'oserait, hélas ! Descendre dans l'abîme,
On craindrait d'y jeter encore une victime ;
Un souffle peut donner la mort !

Un homme tout-à-coup fend la foule pressée ;
C'est Pichou ! Dans ses yeux chacun lit sa pensée.
Il va descendre, il va s'exposer à périr !
Sur son modeste front, qui doucement s'incline,
On croit voir rayonner l'étincelle divine
Qui brillait au front du martyr !

Mais quel est donc cet homme au maintien si paisible,
Dont l'âme en tout danger paraît être impassible ?
C'est un enfant du peuple, un homme au dur labeur,
A qui le ciel donna, sans compter, en partage,
La générosité, la bonté, le courage,
Toutes les vertus d'un grand cœur !

Dans vingt occasions il a joué sa vie,
Il est là, le premier, dans les jours d'incendie,
Quand retentit au loin le sinistre tocsin,
Son bras fort et puissant lutte, contre la flamme,
Les actions d'éclat n'étonnent pas son âme,
Il demeure calme et serein !

Puis, quand il a fini, quand la crise est passée,
Modeste, sans orgueil, sans arrière-pensée,
Il retourne gagner son pain quotidien.
Ce qu'il a fait, mon Dieu ! ce n'est pas pour la gloire,
C'est afin de trouver un jour dans sa mémoire
Ce qu'on trouve en faisant le bien !

Quel sang-froid, quelle ardeur, quel dévoûment sublime !
Seule, l'humanité le dirige et l'anime ;
Il oublie en ce jour ses enfans, son foyer,
Rien ne peut arrêter sa mâle persistance,
C'est le cœur d'un héros qui palpite et s'élance
Sous la veste de l'ouvrier !

Un malheureux, pour lui fut toujours plus qu'un frère;
Il veut les arracher, les ravir à la terre ;
Un prêtre du Seigneur, en lui montrant les cieux,
Est là qui le bénit, l'admire et l'encourage,
Du succès qui l'attend, c'est un heureux présage,
Il reviendra victorieux !

Après quelques instants d'amère inquiétude
Où chacun est ému, dans sa sollicitude
Il a su dérober une proie à la mort ;
Le brave reparait bientôt à l'orifice ;
Et le ciel couronnant son noble sacrifice ;
Il ne revient pas seul au bord !

Un des deux est sauvé de l'horrible torture
Que devait imposer, vivante sépulture,
Ce gouffre si profond, ce précipice affreux.
Mais tout n'est pas fini, Pichou n'a pas encore
Accompli jusqu'au bout la tâche qui l'honore;
Il veut les sauver tous les deux!

Durant *huit jours, huit nuits*, Pichou, prêt à toute heure,
Redescend sans pâlir dans la triste demeure
D'Aubé qui l'interroge, et brûle de savoir
Quand doit se terminer son horrible souffrance;
Il le nourrit, le plaint, lui parle d'espérance,
De sa mère qu'il va revoir!

Ici doit s'arrêter, hélas! son saint ouvrage;
Pour Aubé, pour sa mère, il ne peut davantage;
Il faut qu'il l'abandonne aux ressources de l'art;
Qu'il suive, malgré lui les lois de la prudence.
Mais déjà dans son cœur il a sa récompense;
N'a-t-il pas fait plus que sa part?

Dans ces jours malheureux : chacun a fait la sienne,
Les premiers magistrats, la garde citoyenne,
Le modeste ouvrier, l'habile ingénieur,
Et même l'ouvrier de la rive étrangère
Pour arracher cet homme à sa longue misère;
Tous ont rivalisé d'ardeur!

Le courage parfois est donc héréditaire ?
Car les fils de Pichou sont rivaux de leur père,
Et lorsque le danger, au moment solennel,
Exige que des bras secondent son audace
A sa voix ses enfans s'élancent sur sa trace, *
Aucun d'eux ne manque à l'appel.

Pour exciter au bien, le conseil de la ville
Avec les dons de tous fait construire un asile
Où Pichou finira paisiblement ses jours.
Qu'on inscrive ces mots sur la sainte demeure :
On ouvrira, frappez, car on ouvre à toute heure!
C'est la maison de bon secours!

Un homme environné des dons de la fortune
Désirant ajouter à la bourse commune,
Pour bâtir cet asile a donné le terrain.
Et le riche, et le pauvre (exemple salutaire),
Afin de terminer cette œuvre populaire,
Aujourd'hui se donnent la main.

Lorsque l'oubli de soi dans ce siècle est si rare,
Quand de la charité chacun se montre avare,
Honneur soit à celui qui n'écouta jamais
Que la voix de son cœur ! que la reconnaissance
D'un peuple tout entier soit donc sa récompense,
Après le bonheur du succès !

JULES DEPOILLY, AIMÉ FOUACHE.

NOTE.

* Lorsque Pichou descendit pour la première fois dans le puits fatal, il le trouva tellement obstrué par des débris de planches, de cercles et de solives, qu'il lui fut d'abord impossible de se frayer un passage; un enfant seul pouvait peut-être se rapprocher d'Aubé. Pichou appelle alors l'un de ses fils et le fait descendre avec lui au milieu de la terreur et de l'anxiété générales.

Imprimerie de Ch. Achaintre, à Louviers.

www.ingramcontent.com/pod-product-compliance
Lightning Source LLC
LaVergne TN
LVHW050510160826
845677LV00003B/1052

* 9 7 8 2 3 2 9 6 3 8 5 9 1 *